Les formes libres de la vie

Léda Mansour

Les formes libres de la vie

Recueil

LE LYS BLEU
ÉDITIONS

ISBN : 979-10-422-2213-0

De la même auteure

– « Libération de l'oiseau Mirage », série de sept poèmes, *Voix d'encre,* Nantes, n° 62, 2020 ;

– « Mémoire pour se dépêcher », *Territoires sauriens*, n° 4, 2017 ;

– « La pierre », *Displaced objects,* non-lieux-de-l'exil EHESS, 2016 ;

– « Beyrouth, Berlin, Paris », *Territoires sauriens*, n° 2, 2015 ;

– « Château de sable », *Le Moulin des Loups*, Picardie, n° 6, 2015 ;

– « Marcher dans Paris », Hommage à Charlie Hebdo, *L'Estracelle*, Maison de la poésie Hauts-de-France, n° 1-2015 ;

– « Le vaisseau fantôme », *L'Estracelle*, Maison de la poésie Hauts-de-France, n° 2-2014.

A
Décalages

La nuit

La rue sombre
Partout, l'ombre des hors-la-loi
Le feu rouge abîmé
Ne clignote pas
Attendre une réparation ?
Pourquoi ?
Traverser la rue sans lumière
Atteindre le métro
Descendre l'escalier
Lumières souterraines
Continuer à descendre
Arriver sur le quai
Prendre le train
Certains attendent l'heure de la clarté
Avoir les projecteurs dans la poche
D'autres osent la marche dans la pénombre
Se fondre dans le miracle de la nuit

La nuit

Dos tourné

Traire le lait de vache
Amener le seau de lait aux copains
Jouer avec, comme une eau lancée sur les visages
En rire, les voix jubileuses

Funestes usages d'enfants égarés
Et ce lait maternel jaloux d'une vache
Celle-ci les rend heureux, l'humaine gâche leurs cordes vocales

Traîtres vomissant les bons seins
Leurs ventres vides mais regardez-les
Sautant de joie, renversant tous les liquides sur leur route

Spermatique est parfois le goût de la liberté
Briseuses sont les cercles des accouchées
Des matrones endosseuses de manteaux lourds
Sous la cape des pères invisibles

Enfants voyants regardent dans les trous des portes
Voir et désirer, voir et choisir, partir
Grandir, tourner le dos
Ni lait ni vache
Derrière soi, une maigre ombre d'un père
Des plaintifs aboiements d'une mère

Beaux mauvais souvenirs, pêle-mêle
Traître statue de liberté
Mais qu'importe le tribunal quand on est fugitif !

Je préférerais ne pas

Fantôme de verres cassés
Spectre de l'infidèle réapparu
Sous forme virtuelle
Un message à distance
Envoyé par un doigt
Qui a dû bouger sa souris
Raconter encore des à côtés
Transférer les mots des autres
Jamais les siens

Hocher la tête sous le poids d'une autre tête
Cette autre tête murmure des mots à la tête baissée
Trois verres solides de Whisky se laissent tomber
L'infidèle ne ramasse pas les amas
Il visionne les objets suspendus
S'amuse à les voir ni s'élever ni choir

Étreinte

Mon âme comme ces vagues couvrent une terre ferme
Menacent les habitants des rives
Intention d'inondation
L'eau surgit : force des écumes
Je la vois à travers les vitres, je n'y crois pas
Mon âme loge entre deux bancs
Entre deux promesses : un clin d'œil ou un thym rifain
Je tourne, je me retourne pour écouter
Le faux est désormais pointé
Le manque est un être présent physiquement
L'amour un échange téléphonique rassurant
Mon âme a peur des sautes d'humeur des êtres proches
Ils se fâchent beaucoup
Ils coupent, se retirent, partent
Mon âme secouée préfère la paix
Fragile paix pour éphémère hors danger
Dans mon corps s'installe leur instabilité
Et ne me laisse jamais
J'ai trouvé une issue
Rencontrer une épaule galante pour me poser
Ne plus jamais tricher avec mon âme

L'héritage

Un certain moi
Grand-mère n'est plus là
J'ai squatté sa maison

Un second moi
L'écharpe de grand-mère est accrochée
Je l'ai piquée je l'ai portée

Un autre moi
Je n'ai pas fini mon plat froid
J'ai offert ma chaise à une vieille dame
Elle peut manger ma nourriture

Un moi vaguement moi
Je suis seule ailleurs
J'accumule les photos souvenirs
Ma vie est un tas d'images fixes

Et moi
Dans une fête agitée, un feu s'allume
Je l'ai éteint j'ai versé de l'eau
Une vieille plante flotte
Je suis un nénuphar habitant la surface des eaux calmes
J'ai suffisamment de fleurs et d'étoffes
Primitive
Entourée d'eau et de traces de lumière
Quand la pluie tombe je ferme mes pétales
Je protège mes abîmes

Les peurs antiques

On nous a demandé de fermer les portes de nos chambres
Nous avons obéi
Nos cigarettes sont allumées, nos corps détendus
Mais la terrasse demeure close
Nos amis entrent par la fenêtre
À moitié nus, pantalons déchirés
Les visages de nos familles sont beaux, de l'extérieur
Nous avons la même couleur des yeux
Mais nos accès sont toujours barrés
La peur est un vestige antique
Difficile à bouger

Les archéologues découvrent des ruines à l'infini
Les peureux négocient
Les obsédés provoquent
Les heureux laissent la fenêtre ouverte
Ils aèrent les chambres

La voix

Perroquet artificiel en mousse
Fixé sur la branche d'une plante
Je lui pose une question
Il ne répond pas
Préférer les nids artificiels aux cages d'oiseaux réels ?
Qu'enfermons-nous dans un cagibi ?
Celui qui a une voix impose une loi
Pourquoi nous nous arrêtons sur la cage
Sans entendre le beau chant ?
Sans saisir l'extraordinaire potentiel de liberté dedans ?
Ici, un produit muet en mousse rouge
Là, un oiseau chantant au lever du soleil
Qui est le plus vrai ?
La sérénité des mannequins plastiques ? Le chant des bagnards ?
La voix est physique ou ne l'est pas

La peau cuir

Un seau d'eau se verse
Inonder le cocon du crocodile
Il ne sait pas encore flotter
Humains partent au secours d'un lézard
Visages impavides entourent le reptile
Le saurien lève son crâne
Étonné de tous ces portraits déguisés
Que se passe-t-il lorsqu'un crocodile
Voit couler des larmes
Qui ne sont pas les siennes ?

La conscience du désert

Mon cerveau ne connaît pas la neige
Il est désert
Enveloppé par les pierres de l'Histoire
Sur la route des pèlerins
Gravant leurs noms et rêves sur les roches
Mille fois les coups de soleil des cordiaux fiévreux
Que la proximité des conventionnels gelés
La foi des humains en un possible bonheur
Pèse un coton
De ce négligeable poids naissent ingratitude et pessimisme
L'œuvre de l'optimiste est un roc
Résistant aux caprices de la nature
Mais la faiblesse des corps glacés le détruira
Posé dans le désert infini
Loin des installations orgueilleuses et fragiles
Le roc vivra

Décalage

Astres dans le ciel noir
Accrochés avec l'aide d'une prothèse
Une étoile file
L'œuvre de l'univers se voit ajoutée
L'homme fabrique stars et trèfles
Espoirs, vœux et doses d'optimisme
Mi-natures mi-artifices

Le décalage est l'unique solution
Laisser jaillir les perles de sueur
La saillance d'un bout de nous-mêmes
Éphémère et rapide étoile
Regardez cet astre avec moi
Je l'ai lancé depuis peu

La conscience est un regard neutre
Posé sur une lueur splendide
C'est le moment magique où nous nous disons
Tout cela échappe à mon entendement !

L'attrape-soleil à une heure fragile

Le disque solaire se penche
Ferme le cercle du jour
Il existe un moment où les ronds demeurent ouverts
Le ballon orange clignote derrière la grue mobile
Le vieux port charge ses cargaisons
Une jetée de pierres attend au loin
Pour dissimuler le cercle dans les creux des roches
Où nul fil de lumière ne jaillit
Chaque jour, ma lucarne tire et clôt les rideaux
Orange molle coupée par la flèche des ouvriers
Un jus naturel mêlé à la sueur
Le soleil ne pleure jamais
Il fond sous les portiques
Un coup, l'appareil lève le disque
Un coup, il le laisse tomber
La chute annonce la nuit dans ma chambre
Où il est bon de quitter la scène
Pour m'enfoncer dans la promiscuité des quartiers étroits
Où les cris de la jouissance
Comme ceux de la naissance
Jamais ne déclassent
Ils nous délassent

Cartons légers

Quand vous vous forgez dans la pâte d'un rêve
Que votre vie soit mêlée à des visions
Des sensations uniques puisées du seul sommeil
La poésie des songes vous enchante, une magie clandestine pénètre vos nuits
Vous réveillant sous l'effet d'un monde parfumé, coloré
Quel visage auriez-vous lorsque vous comprendrez
Que l'odeur n'est pas odeur !
Que l'eau du lac ne touche pas votre corps
Que la branche d'arbre est plastique
Que rien de ce que vous y goûtez n'est fait maison
La maison, où est la maison ?

B
Défaillances

Elliptiques

Le cynique ne vous met pas dans une impasse
Il vous fait entrer dans un passage aéré
Pose des barrages au milieu
Puis, il vous invite à regarder l'au-delà du barrage
À vous d'espérer de le convaincre de libérer la route

***

On remet à la prochaine
Plus tard les rendez-vous
Plus tard les agendas
Tout peut attendre
Dès qu'il s'agit de rencontres humaines

***

Aider et s'aider
Ne pas dire quand on aide
Ne jamais penser qu'on s'aide
Ellipse de la demande d'aide
La formulation dérange

***

Tuer la personne aidante
Assassiner la fraternité
Trous dans la serrure
Porte fermée mais instable
Peur d'une invasion par le haut
Or, tout avion fonceur finit par un crash

Inachevés

Ne va pas à leur rencontre tous les jours
Surprends-les, parfois
Ils vous aimeront, souvent

***

Vivre. Pas comme aller au charbon tous les matins
Mais savoir une fois pour toutes que le charbon est le lieu permanent
Et au passage, jalonnez le chemin par des pauses, vous n'en auriez pas d'autres !

***

Chaque jour, une piqûre de rappel :
La présence vivante de ce qui existe là où vous êtes
Sinon, continuez à marcher endormis

***

Vivre pour réaliser les inachevés de la vie
À ce moment-là, nulle contrariété ni attente
Comprendre l'incomplétude
Le manque n'existe pas
Ainsi, vivre, réellement

***

L'unique deuil sensé est celui de sa propre mort
Le seul sentiment fiable est le rattrapage de sa propre vie
Vivre longtemps dans un sommeil
Se réveiller par un coup de chance
Ne jamais reprendre
Mais prendre

***

Rester dehors
Plein air
Pour ne pas glisser dans le profond tunnel dedans

***

Greffes

Entendre les mots. Un mot
Le monde chavire
Greffe
« Mais la chirurgie évolue ! »
Je raccroche

***

Un bout du corps
Un petit bout
Pourquoi s'inquiéter pour un bout !
S'inquiéter ?
Voulez-vous dire mourir !

***

Si cancer soit-il !
Cancer il n'y aura pas !
Si cancer est-il
Cancer s'étire, se promène
Si cancer se tait-il
Cancer reste greffé : mot inoubliable !

***

Faites enlever « Cancérologie » des plaques des cliniques
Les yeux ne voient que ce qu'ils croient
L'irrationnelle maladie n'est pas visible

***

L'organe n'est pas perdu
Il est embelli
Mais la perte s'installe

***

Changer de visage ?
Mieux vaut
Changer de mémoire

***

Le cuir chevelure n'est pas cuir de crocodile
La chute est irréversible
Mais nul échec n'est jamais entier

Lost land

Lorsque sur ton chemin tu croises la mort
Ne rampe pas
Joue avec elle à la tape-à-mains
Elle te défèra de tes idéaux, illusions, ambitions
Prends tout ce qu'elle te donne
Les restes, rien que des restes
Et pour le reste de ta vie
Fais avec
Ni réparation ni restitution
Chaque jour, l'irréversible te touche
Chaque jour, la nouveauté te trompe
La terre nouvelle n'existe que dans ta tête
Tête dans le rêve
Dors peu
Et vis beaucoup
Mêle-toi aux bruits
Musique depuis les fenêtres, discussions enflammées des cafés,
Perceuses furieuses, et ces travaux dans les trottoirs
Les oiseaux ne sont pas audibles
Ne cherche plus le son
Accepte le tapage
Ne cherche plus la cause
Fais un vœu unique
Rester en vie pour fêter ton prochain anniversaire

Fulgurances

Si une étoile file devant vos yeux
Faites comme si elle vous appartient
Elle tombera du ciel jusqu'à votre sol
Illusion ? Désir ? Dites-vous !
Quelle différence quand on est audacieux !

***

Le temps est déjà perdu
Le dilapider encore ?
Vivre longtemps dans la dépense
Parfois toute une vie
Qui a dit que l'angoisse n'est pas bégnine !
Perles de sueur
Battement du cœur
Le cœur en bonne santé n'est jamais serein
Jetez vos narcotiques
Angoissez-vous !

***

Ne plus serrer la main pour se dire au revoir
S'enlacer les bras grands ouverts
Désir d'épaulement

Fragmenter

Deux mondes
Deux êtres en vous
Celui qui a beaucoup de souvenirs
N'oublie pas
Et de sympathiques attitudes
Il se laisse porter par l'affection
Humanité, complicité et tendresse
Et l'autre
Celui qui n'est pas dupe
Qui a compris l'équilibre fragile
Qui voit la roue merveilleuse perdre sa magie
À tout moment, au moment inattendu, le plus inattendu
Tombent ses parapluies fantastiques
Fragmenter le sentiment ambivalent
Face aux créateurs de l'ambivalence au fond de nous
Fragmenter leurs paradoxes
Et pouvoir vivre
Pouvoir aimer
Pouvoir choisir

C
Éros, corps conscient

Sable mouvant

Il a un cadre pour notre photo
Un carré en bois brisé
Il n'aime pas les cadres fermés
« Pourquoi les bordures ne sont pas des vagues ? » dit-il

Nous les communs parlons de sautes d'humeur
De changements soudains
Quand lui pense mouvements
Cadre, périmètre, champ
On lui répète clôtures, onglets, espace à soi
Il réagit rieur « je suis pensif »

Le fréquenter c'est jongler dans un sable mouvant
Le matin n'envie rien à la nuit
Les sens contraires se ruinent sous le charme d'un « je m'adapte »
J'ignore comment le cadre s'adapte à du sable
Comment le sable accueille le poteau d'un grillage
Le fléchissement est sa règle
Devrais-je me munir de vis ?
Et pourquoi implanter dans un sable ?
J'irai couler avec lui

Goulu de pain

Elle a des seins qui gonflent comme un pain chaud
Dès qu'il caresse, embrasse
Il a une cape mauve violet comme une peau d'animal
Quand il se jette sur son corps large
Le règne du feu commence
Elle l'attendrit avec des mots doux
Verse une nouvelle matière
Il dit avec sa langue approximative
« Fais-moi confiance » !
La sécurité du feu ?
Feu vivant soigneusement traqué
La main sur la taille, petits craquements, chaleur transgressive
Un cercle se forme, des invités rejoignent le coin du feu
Les fantasmes fusent
Un sein qui se transforme en pain
Qui cherche à se rassasier ?
La vie ne serait pas un continuel travail à chercher du travail ?
Le bonheur des chômeurs est indescriptible
Pauvres car ils perdent leurs absurdes quêtes du sens
Certains veulent retourner à l'emploi, sans souci de ce qu'ils trouvent
D'autres s'obstinent à vivre l'expérience du dénuement
Rester nu pour tomber par hasard sur le Vêtement
Lequel ?
La peau d'animal mauve et violet
Endossée par un corps qui désire

Disparition de la peau de chagrin
Avènement d'un tissu verni
Qui assure la jouissance
Ce n'est pas l'insatisfaction dont il est question,
Ce post-acte précaire et fragile
Mais le « je veux encore boire » qui pense les commencements

Anthropophages

Je selle mon propre cheval
Je me lance, je galope
La tempête de sable attaque
Je bride mon cheval
Je fais un détour derrière les plaines rocheuses
Je descends vite, je tire la corde attachant mon cheval jusqu'au rocher
J'enfonce un couteau et accroche la corde
J'arrache ma cape de mon cou
Je me couvre
Le sable s'emporte au-dessus de ma tête
Mon cheval s'agite : croit-il qu'il faille courir quand une bourrasque
frappe à ses pieds ?
La tourmente est à son image
Cheval fougueux
Je le tire sous ma cape
Je le plante comme un couteau
Pour le calmer
L'ouragan endiablé disparaît dans l'horizon
J'ouvre mes yeux
Mon cheval est fatigué
Et quelque peu impatient de reprendre la route
Ainsi va la bataille de ma vie

Des désirs obstinés que j'ai sur le cou
Et mon cheval me relâche la bride
Deux êtres vivants voués à la liberté
Une destinée royale
Là où l'on ne frisonne pas d'avoir tué un cheval
Pour le manger

Les seins exposés

Il chante dans la rue
Il chante dans le lit
Il danse, se brise en mille gestes
Silencieuse sensualité, gracieuses envolées
Son corps a l'air d'un papier froissé, puis étendu, puis lissé et à nouveau plié
L'ondulation le frappe comme un sceau
Cela transcende toute unicité
Rien d'essentiel n'est essentiel
Le multiple est insignifiant
Aucune valeur prédictible
Une horloge qui a sauté a besoin d'aiguilles-cordelettes
J'ai entre les mains un corps-coton
Comment faire pour le tenir sur place ?
La blancheur du coton me trompe
C'est au contact des choses qu'il est trempé
L'art est une œuvre mouillée
L'amour en est les traits saillants
Un corps dissimulé sauf les seins
Exposition à volonté de ce qui s'étire et se retire

J’ai un cœur

J’ai caché mes peurs sous le cœur
Les peurs ont creusé un trou
Le trou s’approfondit
Pas de vitres pour aérer
Ni de lumière qui y passe
J’ai un cœur
Un cœur-trou
Énergie inactive
L’instabilité du monde lui donne raison
Raison pour ne pas rester
Raison pour ne pas partir
Jamais capable de choisir
Le trou est bouché, le passé est un tas de décharges
Tout brûler ?
Polluer air et mer
Polluer pour ne pas suffoquer
Et sous le cœur
Un géant se réveille

Expulsions

Il sort du gouffre
Le soupçon d'une hauteur
Cela dégage du goût
Une crème douce
Les doigts s'y mêlent
Pour remonter aux lèvres
La sensation du bon
Une promesse devant l'assemblée attablée sur les bords du puits
« Une recette se fera inventer »
La plus grasse des crèmes est éjectée
Car les meilleures saveurs donnent souvent soif
Et les inférieurs de la substance écrémée peuvent révéler de nouveaux arômes
Inhabituels souffles, à peine ébauchés
Les abîmes et bas-fonds d'un cœur n'abritent pas un champ de ruines
Un cœur silencieux s'incline
– un corps nouveau naîtra.

Chair et os

Les forêts abritent un chevreuil gracieux
Sautant à gravité portée vers l'avant
Discrètement, il choisit ses aliments,
Ce sélectif a le libre arbitre
Il ne digère pas tout
Cet automne-là, les bois perlaient
Les arbres lâchaient une tension estivale
Il a passé, calme et agile
Coupa mon chemin en deux, l'avant que je le croise et l'après
Qu'a-t-il de spécial cet animal pour déclencher frissons, sourires et palpitement ?
Il m'a fait rentrer chez moi avec un sentiment d'être chez moi
Que peut un chevreuil pour mon cœur ?
Me rendre élégante d'amour
Emporter mes maladresses
Virer mes angoisses
Devenir une visiteuse, ni intruse ni mêlée
M'expatrier vers moi-même
Exiler mon vif sentiment d'exil
Et le chevreuil passa encore me murmurer des choses, me donna la clé de la forêt
Et de toutes les plantes savoureuses
Ce cœur est à nouveau comestible

D
Les liens-Casino

Poker

Carte étendue
Elle glisse
Rampe, s'étire
Silencieusement
Elle se fait dérober
Les yeux du voisin tricheur s'activent
Sang-froid des mains baladeuses
Naïve carte qui se laisse fureter les coins
Électricité coupée
Le tricheur change la lampe
Dans le noir, les cartes se font rabattre
Voilà comment une ruinée Double-pair devient une Royale
Si le sang-froid est la médaille d'or des tricheurs
L'attente est le trésor des dérobeuses subtiles

La robe bleue

De fil en aiguille
L'originalité est une touche
Fermeture d'une robe à glissière fine
La tirette Chic est discrétion
Les doigts qui la tiennent ne le sont pas
Elle lui demande de se glisser pour fermer la robe
Bleue comme une terre beaucoup travaillée
Son corps devient une œuvre de poterie
Un souffle ancien dans une silhouette moderne
Les créations se font en cherchant le matériel
Librement se griffonnent les scénarios pour enfiler la robe
Création et amour se mêlent
La peau d'un renard cousue avec celle d'un lion

Les seins nus

L'œil des biches veille
Elles s'abritent dans les troncs d'arbres
Épinglées comme un décor féerique
Ceci n'est pas un conte merveilleux
L'œil des biches guette
Le chasseur à la canne remue l'arbre
Les feuilles tremblent
Aucun fruit ne tombe
Une ceinture de sécurité est défaite
La biche ouvre la course
Le chasseur ne poursuit rien
Il savoure le dernier verre du meilleur alcool
Celui qui n'enivre pas
Il se transforme en cerf
Goûte aux seins nus
Vert pâle comme l'eau de la mer
Un lait bu à la paille
Sans mordre dans la chair

E
Le sol du rivage

La condition terrestre

J'ai beau désirer
Avec une tête visualisant le monde à l'envers
Les fondations de l'édifice dans les hauteurs
Les hauteurs dans les creux
Mes voitures volantes m'amènent loin
Très loin
Je respire l'air pur du ciel bleu
Emballement sur emballement
Je gonfle comme un ballon
Et la voiture magique continue à voler
Dessous, l'océan se prépare à dévorer les chuteurs
La voiture dégringole
Je risque de mourir, je ne sais pas nager
Je crie « Descendez en douceur »
Le conducteur atterrit sur le sable près d'une source d'eau
Les eaux fossiles ne sont pas dangereuses
Je suis sauvée de la noyade
Les bas souterrains ont quelque chose à nous dire
Partons là où l'air nous emporte
Mais n'oublions jamais que les sous-sols nous acheminent vers les chaussées

Le quai

Le quai brûle d'impatience
J'attends le train
Passage imminent
Sauter dans un train en marche ?
Périlleuse aventure pour qui cherche le stable
Que le train se rate s'il raffole des téméraires !
Je recule devant l'engin décidé
Il s'arrête, je monte
Ils ne sont pas immobiles les trains à quai
Ils offrent le choix précieux
De faire le bon mouvement

La plage

J'ai invité un prince à partir vers la plage
Les galeries abritent des jardins
Nous habitions dans des terrasses agricoles
Nous sommes retardés par un banquet et des invités
La craie trace nos fresques murales
Nous ne voudrions pourtant pas d'une toile périssable !
J'ouvre le tiroir de mon héritage
Des carrés en soie si bien rangés
Une collection préservée n'est jamais faite pour l'usage
Intouchable… Et oubliée
Qu'est-ce que le précieux s'il n'est pas exploité ?
J'ai pris la main du prince
Nous arrivons au rivage
Sur les plantes poussées dans le sable
Nous avions quelques heures

Le sol

Le meilleur des éphémères
Est notre effort de stabilisation
Stabiliser l'instable
Lutter avec l'équilibre précaire
Les yeux dans la vie

***

Planter des fleurs
Fleurs fragiles s'envolent
Fleurs fortes tiennent bon
Fleurs rouges se liquéfient
Un nouveau sang jaillit
La terre prend tout ce qu'on lui offre
Si généreuse, elle accueille

***

Habiter au cœur d'un verger
Habiter là où les portes donnent sur le sol
Sortir rejoindre les vers de terre, les passants, les chauffeurs
Forger la vie horizontale
Ni hauteur ni sous terre

***

Prendre le volant
Foncer dans les rues étroites
Les chemins ne s'élargissent pas
Mais le véhicule arrache les angles
Le conducteur sourit
Les limites sont faites d'un métal facile à fondre

F
La forme de la vie

Le cocon du serpent

Mon cœur est un cocon de serpents
Le reptile bouge difficilement
Enroulé par les branches d'Aloès Vera
Est-il vert le serpent ?
Les dangers de la forêt sont hors cocon
Nous sommes comme des observateurs guettant le moindre mouvement
Ces feuilles vertes sont-elles empoisonnées ?
Quel liquide peut couler de ces protèges-serpents ?
Un alcool blanc jaillit
Ce genre d'alcool qui guérit les déceptions des fins de soirées
Un amoureux perdu, un mari absent, un ami distant
Quand le serpent se réveille, il sortira, partira
Il nous restera la sève coagulante
Pour nous cicatriser

Des fraises et de l’exil

La vie vagabonde dans la bouche arrondie comme une bonne fraise
Le goût, on n’en a conscience qu’à l’heure de la chute
À croire qu’on a enfin touché au goût de la vie
Lorsqu’au milieu des douceurs
L’on tombe sur une fraise amère, pleine de liquide gâcheur
Transformant le sucre en sirop de choux, de radis
Si mordant, si acide :
La mort encore !
Non, l’exil au nord
Les sudistes escaladent toute une vie
La bonne et douce fraise se cultive dans des lacs artificiels
Elles flottent, posées sur un plateau
Servez-vous : dit-elle
Le goût est renversant
Où plonge la fraise quand elle quitte la surface du lac ?
Nous autres attendons sa remontée
Nous chantions fort pour qu’elle entende
L’exil est un sentiment d’attente accompagnée d’une chanson
La fraise ne cesse de se transformer
Nos industries de la vie nous gâtent :
Tu goûteras jusqu’à ce que tu mourras !

Un simple désir

J'étais sous la peau d'un chat
Quand un chat
Se pointa devant moi
Il avait une tendre fourrure noire
Je voulais y toucher
J'étais sous la peau d'un chat
Quand le chat
Me regarda pour examiner son chemin
Prendra-t-il à droite de moi ou à ma gauche
Il bifurqua à gauche
Mais il ne me toucha pas
Pourtant j'étais sous la peau d'un chat
Du moins je le désirais fortement
Au point d'y croire
Il vit alors que j'avais une peau humaine
Et quelques vêtements dessus
Je voulais être sous la peau d'un chat
Je n'ai pas eu la bénédiction des chats
Le chat s'éloigna de moi
Comme si je n'étais pas un chat
Pourtant

G
Libertés

Le refuge libre

La nuit est un refuge
Le jour est un refuge
Une poésie ne raconte pas l'évolution
Pas le chemin
Pas les libérations
Être bien quand on entre dans l'obscure
Quand on sort au plein jour
Fluide est la liberté
Le monde verbalise ses états d'âme
Et libère les contraires

Le revers de la médaille

Oiseau émigrant
Heureux explorateur
Joie du voyage

Le meilleur des mondes possibles est une médaille d'or

Le revers est virtuel
Nostalgique
Pied d'un verre de champagne

À la santé de qui l'oiseau boira ?

Nos peurs antiques deviennent virtuelles
Nos idées irréelles nous font un procès de tendance
Pourquoi incriminer le voyageur ?
Cet audacieux infini
Est surpris par le revers de la médaille

Il a la nostalgie de ce qui viendra

Oiseau atterrissant
Le tracé est un flux
Qu'est-ce que le flux ?

Ne faire que faire

Soleil

Au cœur des pyramides
Côté ombre
Quelques rocs se détachent
Au pied de l'édifice
S'éloignent
Se mettent à genoux
Et les doigts d'or du Dieu Râ se penchent tendrement
Les infiltrent un par un
C'est que dans la vie, il ne faut jamais se protéger du soleil
À bas nos crèmes solaires
Pour que germent dans notre peau
Les preuves d'une lumière…

Boussole

Boussole, maître des directions
Active son aiguille
Voit ce que l'œil nu gardera habillé
Ne sachant comment dénuder ruelles et tréfonds !

Boussole, maître des navigations
Arrange les champs de la terre
Souffle et réveille l'esprit des mers
Taille lieux, habitats et départs
Dresse sépultures en laissant aux mains futures un possible espace
Pour planter une fleur et quelques larmes

Boussole, maître du mouvement
Rend réel l'existence du soleil
Force centripète !
Car le centre, s'il s'avoue centre, ignore le regard venant de
l'extérieur
Pour commencer l'épopée de l'observation

Boussole, maître de l'harmonie
Devient sourire qui manque, qui ravive
Responsable est toute boussole
De ne jamais s'abîmer

Boussole, maître des cimetières géométrisés, joliment ornés
Plante, papillon, écureuil, oiseau, vigne rouge
Graines, souvenirs, fétiches, pierres précieuses…
Par-delà la fin de vie
Boussole nourrit le vent
Celui-là qui trace nos désirs
Quand le centre se reconnaît centre, il ne cherche plus à être le centre

Forgerons de l’impro

De ses lèvres, ma mère touche le verre de vin
C’est qu’il nous faut toujours planter une vigne pour naître
Nous les enfants
Mères à l’alcool gai, elles accouchent et attendent l’heure de l’abondance

***

Elles aiment tout ce qui est joli
Il nous faut toujours nous surpasser pour leur offrir le bonheur dans un cristal
Mères qui accrochent nos succès
Grappes de raisin sur l’arbrc dc lcurs désirs

***

Si nos mères regardent haut
Nous continuons à planter fleurs et fruits au cœur de la terre
N’en déplaise à nos renoncements
Elles nous soulèvent pour rester éveillés et vivants

***

Naître est une secousse
Mais oh combien elle pulpe !
Grâce est l'amour
Grâce est la beauté
Grâce est le vin partagé

***

Mères qui forgent les scripts de nos vies
Nous jouons les rôles
Un trou de mémoire nous secoue
Et nous sortons définitivement du texte
Pour improviser

Tendresses

Au cœur des gratte-ciel
Pleine nuit
Scintillants sont nos désirs de tendresse
Ils cherchent la lumière non encore éteinte
L'univers écologique invite à l'obscurité
Une lampe rebelle m'attire
Je pars en quête
La lampe est le choix
Le choix est ce qui reste d'une quête
Je vois un visage marqué de lumière
J'embrasse son tendre regard
Main dans la main
Quand le don est offrande
Et l'acceptation est hospitalité

Alchimie avec le temps

Par le miracle de la nuit, elle boit du vin
La musique baisse en révérence aux mots introuvables
Difficiles à souffler
Ses lèvres s'accrochent au verre comme on se fie à l'océan
Le cercle de la fête se tait face au premier son de sa maturité
Elle danse ou chancelle
Émanation de fils élastiques
Son corps-tissu tente la montée vers le haut
Elle redescend, à son insu
Sur le sol, elle fait des rencontres
S'aperçoit des premiers éclairs
Pénètre dans l'aube
Sa mutation est achevée…
La nuit, elle dort
Le jour, elle se frotte aux écorces acides de la vie

Table des matières

Imprimé en Allemagne
Achevé d'imprimer en janvier 2024
Dépôt légal : janvier 2024

Pour

Le Lys Bleu Éditions
40, rue du Louvre
75001 Paris